AU NII

ou

MOÏSE ET THERMIS

PIÈCE EN TROIS ACTES

pour jeunes filles

avec chants et musique

PAR

L'ABBÉ BEAUGÉ

Curé de Saint-Laurent de Séez (Orne).

PARIS

SARLIT. — J. BRICON, Successeur.

19, RUE DE TOURNON, 19.

ET CHEZ L'AUTEUR.

—

AU NIL !

OU

MOÏSE ET THERMIS

PIÈCE EN TROIS ACTES

AU NIL !

OU

MOÏSE ET THERMIS

PIÈCE EN TROIS ACTES

pour jeunes filles

avec chants et musique

PAR

L'ABBÉ BEAUGÉ

Curé de Saint-Laurent de Séez (Orne).

PARIS

SARLIT. — J. BRICON, Successeur.

19, RUE DE TOURNON, 19.

ET CHEZ L'AUTEUR.

1888.

PERSONNAGES :

JOCABED, mère de Moïse.
MARIE, sœur de Moïse.
THERMIS, fille de Pharaon.
PLUSIEURS SUIVANTES.

NOTA. — Un gros bébé en cire, qu'on tiendra caché le plus possible, représentera l'enfant.

La scène se passe en l'an 1575 avant J.-C., en Égypte, sur les bords du Nil et non loin du palais de Pharaon.

AU NIL !

ou

MOÏSE et THERMIS

ACTE PREMIER

La scène représente l'intérieur de la maison de Jocabed. Dans un endroit apparent, l'on voit un berceau. Ceci se passe un soir d'été.

SCÈNE I.

JOCABED *(assise, regardant le berceau de son enfant).*

Ce pauvre enfant, mon Dieu, périra-t-il ?
Pour plaire au roi le jeter dans le Nil !
O Pharaon, que ton ordre est sévère !
Qu'il est affreux pour le cœur d'une mère !
Non, non, jamais un édit si cruel
Ne trouvera dans mon cœur maternel
Assez de crainte, assez d'obéissance,
Pour le livrer à ta lâche puissance.

                   (Elle se lève.)

Par Jéhovah ! mon enfant est à moi,
Et je ne puis obéir à ta loi !
Depuis trois mois, je le cache dans l'ombre,
Mais, ô terreur ! que l'avenir est sombre !
Je tremble...

SCÈNE II.

JOCABED, MARIE.

MARIE *(entrant)*.

O mère, avez-vous entendu ?
Sauvons l'enfant, ou bien il est perdu !
Des cris partout et partout des alarmes ;
Au bord du Nil des mères tout en larmes,
Cherchant leurs fils et ne les trouvant pas,
Dans leur délire appellent le trépas.
Pour mettre encor le comble à ces désordres,
Le Pharaon renouvelle ses ordres :
« Je crains, dit-il, ce peuple si nombreux,
« Tous à la mort les fils de ces Hébreux ! »
Mère, fuyons, ou mourons tous ensemble.

JOCABED.

Non, mon enfant, prions. Car il me semble
Que Dieu m'inspire et qu'Il entend ma voix
Nous enduirons de bitume et de poix
Cette corbeille et solide et légère,
Qui, près du bord, surnageant tout entière,
Sera captive au milieu des roseaux.
Ainsi jeté dans le Nil, sur les eaux,
Ce doux enfant sa beauté ravissante,
Pourra toucher l'âme compatissante
De quelque femme, ou d'un Égyptien
Qui, sans enfants, le prendra pour le sien.
Ne tremble pas, qu'aucun cri ne t'émeuve.
Nous porterons ce berceau sur le fleuve

Et le Seigneur saura bien le garder.
De quelque endroit, tu pourras regarder
Ce que devient notre chère corbeille.
Autour de toi, sachant prêter l'oreille,
Tu saisiras un mot, un signe, un bruit.
Mais va dormir. Quand l'ombre de la nuit
Aura fait place aux lueurs de l'aurore,
Avant qu'au ciel le jour ne brille encore,
Tu reviendras. Bonsoir, ma fille, adieu.
Retire-toi. Laisse-moi prier Dieu.

MARIE.

Mère, avec vous, endurez que je prie.
J'aime mon frère, et...

JOCABED.

       Je le sais, Marie.
Mais obéis. Va prendre ton sommeil,
Dieu, qui te voit, bénira ton réveil.
     (Marie embrasse sa mère. Elle sort.)

SCÈNE III.

JOCABED *(à genoux, chantant.*

Toi qui prends soin de toute créature,
Sauve mon fils, ô Toi qui l'as créé.
Entends le vœu, le cri de la nature,
Et montre-moi que Tu l'as agréé.
Je donnerais mon sang, ma vie entière,
Pour conserver les jours de cet enfant.

Exauce donc mon ardente prière,
O Dieu du Ciel, ô Seigneur tout-puissant !.
    (Musique à la fin de la pièce.)
        (Elle se lève.)
Cruels tyrans que le démon déchaîne,
De vos complots je déjoûrai la haine.
Ah ! vous voulez du Nil faire un tombeau
Pour engloutir tout un peuple nouveau !
Ah ! vous voulez que mon enfant périsse,
Que moi, sa mère, à vos lois j'obéisse !
J'obéirai. Mais il ne mourra pas.
Dans son berceau... Qui vient ? j'entends des pas !
O mon trésor, mon fils, que Dieu te garde !
Vaine frayeur ! Non, ce n'est pas la garde.
C'est toi, Marie ?

SCÈNE IV.

JOCABED, MARIE.

MARIE *(entrant)*.

    Oui, ma mère, c'est moi.
Ne grondez pas. Dans un pareil émoi
Puis-je dormir ? Mon sommeil n'est qu'un rêve.
Je vois le Nil où, sans merci ni trève,
Pleure la mère et disparaît le fils.
Je vois des morts et n'entends que des cris.
J'ai peur !

JOCABED.

    Ma fille !.. armons-nous de courage.
Sur ce berceau, mettons-nous à l'ouvrage.

Le jour approche, il faut qu'avant le jour
Soient déjoués tous les plans de la cour.

(Assises, elles enduisent la corbeille en chantant.)

DUO.

Toi qui prends soin de toute créature,

Sauve mon { fils / frère }, ô Toi qui l'as créé.

Entends le vœu, le cri de la nature,
Et montre-moi que Tu l'as agréé.
Je donnerais mon sang, ma vie entière,
Pour conserver les jours de cet enfant.
Exauce donc mon ardente prière,
O Dieu du Ciel, ô Seigneur tout-puissant !

JOCABED *(se levant, tout inspirée)*.

O ciel ! que vois-je ? est-ce erreur ou mensonge ?
Non, c'est bien lui ; non, ce n'est pas un songe.
C'est lui, mon fils, qui vient briser nos fers ;
Lui, dont les lois vont régir l'Univers ;
Lui, devant qui le Pharaon s'incline ;
Lui, dont le front au Sina s'illumine ;
Pour Israël, c'est un Libérateur ;
Pour l'Univers, c'est un Législateur.
Ah ! loin de moi tous les pensers funèbres !
Fuyez, fuyez, obscurités, ténèbres !
Merci, Seigneur, d'un aussi doux espoir ;
C'est le salut que je viens d'entrevoir.

*(Elle présente à sa fille l'enfant couché dans la cor-
beille.)*

Regarde, enfant, cet ange de la terre,

Aux cheveux d'or, à la brune paupière.
Dans cet œil vif, sur ce front radieux,
Dans ces doux traits, dans cet air gracieux,
De l'Éternel la beauté se reflète.
Ai-je donc tort de le croire un Prophète ?
Non, non, mon fils n'est pas un simple humain,
Qui vit d'hier et doit mourir demain.
Dieu m'a montré sa belle destinée,
Et, j'en suis sûre, une âme aussi bien née
N'a vu le jour que pour un noble but.
Payons pourtant à la loi son tribut.
Entre nos bras, dans une douce étreinte,
Prenons-le vite, et portons-le sans crainte
Le long du fleuve, au milieu des roseaux.
Mais vois ces traits ! sont-ils purs ! sont-ils beaux!

MARIE.

Charmant visage ! il respire la grâce.
Pour le sauver je vais fendre l'espace.
Le jour paraît. Il en est temps, je pars.
Le tronc d'un arbre, ou quelques joncs épars,
Me tiendront lieu d'asile et de cachette.
(La mère, tout en écoutant sa fille, continue de contempler son fils, qui est supposé se réveiller. Elle dit :)

JOCABED.

Dors, bel enfant, dors bien dans ta couchette.

MARIE.

Dors, petit frère; ô mon doux ange, dors.
(A sa mère.)
Afin que Dieu bénisse mes efforts,

Mère, en son Nom, bénissez-moi vous-même.
(La mère étend une main sur chacun de ses enfants,
les bénit et les embrasse en disant :)

JOCABED.

Je vous bénis, ô mes enfants que j'aime.
Ne craignez rien, le Ciel est avec vous,
Et sa clémence aura pitié de nous.

(A part.)

Si cependant c'était une chimère,
Que ma douleur, ô Dieu, serait amère !
Si c'est la mort !... Terrible illusion !
Oh ! non, mon âme! Oh ! non, Seigneur, oh ! non !
(Elle tombe à genoux. Sa fille l'imite. Elles chantent.)

DUO.

Toi qui prends soin de toute créature,
Sauve mon { fils / frère }, ô Toi qui l'as créé.

Entends le vœu, le cri de la nature,
Et montre-moi que Tu l'as agréé.
Je donnerais mon sang, ma vie entière,
Pour conserver les jours de cet enfant.
Exauce donc mon ardente prière,
O Dieu du Ciel, ô Seigneur tout-puissant !
(Elles vont porter l'enfant sur le fleuve.)

FIN DU PREMIER ACTE.

ACTE DEUXIÈME

La scène se passe le matin, dans un bosquet du palais de Pharaon,
sur la terrasse qui longe le chemin du Nil.

SCÈNE I.

THERMIS, avec sa suite, *(s'apprêtant à aller au bain.)*

THERMIS.

Vers l'Orient, tout l'horizon se dore.
Dames d'honneur, au lever de l'aurore,
Faites escorte à la fille du roi.
Le long du Nil, venez et suivez-moi.
J'aime une cour qui rayonne sans cesse
Comme un essaim autour de sa princesse ;
J'aime du beau l'opulente splendeur ;
J'aime du bon l'agréable douceur ;
J'aime le grand, qui m'élève et m'enflamme ;
J'aime le bien, qui captive mon âme.
Ainsi, mon cœur, pour ces pauvres Hébreux,
Se sent parfois tout triste et malheureux.
Ah ! si mon père en croyait ma parole,
Tous ces enfants qu'à la peur il immole,
Sans craindre plus cet édit criminel,
S'endormiraient sur le sein maternel.
Devant nos Dieux, devant vous je l'atteste,
Tous ces décrets, que mon âme déteste,
Pour le malheur excitent ma pitié.

UNE SUIVANTE.

Ils sont, hélas! cause d'inimitié.

UNE PETITE.

Si j'étais reine, oh ! moi, je serais bonne.
Devant le mal, comme mon sang bouillonne !

UNE AUTRE.

Le roi pourtant me paraissait humain.

UNE AUTRE.

Ce n'est pas lui. Ce sont...

THERMIS.

Allons au bain.

*(A ce moment, Jocabed, revenant du Nil par le chemin
qui longe la terrasse, et entendant parler, s'arrête et se
cache pour écouter.)*

THERMIS *(continuant).*

D'un roi très sage attendons la clémence.
Il va, je crois, révoquer sa sentence.
Partons.   *(Elles sortent.)*

SCÈNE II.

JOCABED *(entrant).*

O Ciel ! ai-je bien entendu ?
L'édit serait peut-être suspendu.
Peut-être !.. et quand ? Il existe à cette heure,
Et sur le Nil mon fils est là qui pleure.
Prions encor, supplions l'Éternel,
Car le salut ne nous vient que du Ciel.

(A genoux, elle chante.)

Toi qui prends soin de toute créature,
Sauve mon fils, ô Toi qui l'as créé ;
Entends le vœu, le cri de la nature,
Et montre-moi que Tu l'as agréé.
Je donnerais mon sang, ma vie entière,
Pour conserver les jours de cet enfant.
Exauce donc mon ardente prière,
O Dieu du Ciel, ô Seigneur tout-puissant !

(Elle se relève.)

Je sens l'espoir dans mon âme renaître,
Mais, malgré tout, la crainte veut paraître.
Suivons-les bien. Voilà que tout autour
Vont se baigner les dames de la cour.
Thermis descend ; la voici dans le fleuve.
A l'endroit même ! ô mon Dieu, quelle épreuve !
Vers mon enfant je l'aperçois venir.
Dieu de bonté, que va-t-il advenir ?
Je le sais bien, Thermis est débonnaire,
Mais que peut-elle en face de son père ?
Deux sentiments se disputent mon cœur :
L'espoir, la crainte. Où sera le vainqueur ?
Dieu tout-puissant, augmentez mon courage,
Car sur le bord circule l'entourage,
Et, c'est fini, mon fils est découvert !
Oh ! non, jamais je n'aurai tant souffert !
Est-ce un bourreau qui saisit sa victime ?
Et vous, mon Dieu, permettrez-vous ce crime
La mort ?... Oh ! non !. . . . .
. . . . Thermis a remonté.
Fille des rois, montrez de la bonté,

De la noblesse et de la grandeur d'âme !
Sans être mère, au moins vous êtes femme,
Et votre cœur est bien connu de tous.
Serions-nous seuls indifférents pour vous ?
De la pitié, Thermis, je vous en prie !
Et toi, ma fille, où donc es·tu, Marie ?
Accours, accours, on ouvre le berceau,
Ne crains·tu pas que ce soit son tombeau ?
Dieu soit béni ! je la vois qui s'avance.
Tout son maintien marque la bienséance.
Mais !.. elle parle !.. on l'écoute !.. elle vient !..
Cet air joyeux, souriant, me convient.
Se pourrait-il qu'au foyer je revoie
La paix, l'amour, l'espérance et la joie ;
Que, grâce à Dieu, mon fils ne meure pas,
Et que bientôt je le serre en mes bras ?
Oui, son visage est brillant d'allégresse,
Et de sa marche à juger la prestesse,
Il est permis de songer au bonheur.
La voici.

SCÈNE III.

JOCABED, MARIE.

MARIE *(entrant)*.

Mère, à la princesse honneur !
Ne craignez pas que son cœur vous repousse,
Elle est trop bonne et sa voix est trop douce.
Autour de moi la cour se rassemblait ;

Moi, j'avais peur, et tout mon corps tremblait,
Lorsque Thermis, m'adressant la parole,
Par sa bonté m'enhardit, me console.
Je lui dis donc, non pas sans hésiter :
« Vous plairait-il de le faire allaiter ?
Tout près d'ici reste une Israélite.
J'irais... — Allez, dit-elle, allez bien vite. »
Au fond du cœur elle plaint les Hébreux.
Ah ! puisse-t-elle abhorrer ses faux dieux !
Égyptienne, on aime à la connaître.
Israélite, elle est digne de l'être !
Mais elle attend ; allons, pressons le pas.

JOCABED.

Oh ! oui, mon Dieu, j'y cours.

(A sa fille.

Toi, ne viens pas.
Le soleil luit sur notre humble demeure,
Je crains qu'Aaron ne s'éveille et ne pleure.
Va donc le voir, et reviens en ce lieu,
Devant le Nil, ta famille et ton Dieu.

MARIE.

Oh ! je comprends. Je veille sur mon frère
Et de mes vœux j'accompagne ma mère.

JOCABED *(sortant).*

Oui, noble enfant.

(En s'éloignant.)

O belle âme ! ô cœur d'or !

SCÈNE IV.

MARIE.

A vous surtout, mère plus noble encor,
Revient l'honneur, la gloire que j'envie
De conserver à mon frère la vie.
En vous livrant aux ardeurs de la foi,
Vous avez su triompher de la loi,
Car vous avez, dans un élan sublime,
Suivi la loi sans en être victime.
Foi pure et sainte, ô vous qui nous sauvez,
Faites votre œuvre ; au plus vite achevez.

(Elle sort.)

FIN DU DEUXIÈME ACTE.

ACTE TROISIÈME

Même décor qu'au précédent.

SCÈNE I.

MARIE *(en entrant.)*

Je vois qu'Aaron est gardé par son ange.
Il dort si bien que rien ne le dérange.
Son frère était à deux doigts du trépas.
Lui, pauvre enfant, il ne s'en doutait pas.

(Tout en parlant, elle monte sur la terrasse et regarde.)

Oh ! j'aperçois ma mère sur la rive ;
Je vois Thermis et la cour attentive ;
Je vois l'enfant qu'admirent tour à tour
Et la princesse, et ma mère, et la cour.
Mère, courage !.. Oui, prenez la corbeille...
Prenez mon frère... O bonheur ! ô merveille !
C'est fait. Il dort sur le sein maternel.
La cour revient... Amour à l'Éternel !
Car, de son bras protégeant l'innocence
Et du roi même abattant la puissance,
Il va briser les complots des méchants.
A lui mon cœur, ma prière et mes chants !

(Elle chante en diminuant sa voix à mesure que la cour approche.)

PREMIÈRE PARTIE.

Toi qui prends soin de toute créature,
Sauve mon frère, ô Toi qui l'as créé ;
Entends le vœu, le cri de la nature,
Et montre-moi que Tu l'as agréé.
Je donnerais mon sang, ma vie entière,
Pour conserver les jours de cet enfant.
Puisque le Ciel exauce ma prière,
Merci, Seigneur, merci, Dieu tout-puissant !

(A mi-voix.)

Effaçons-nous, car j'entends la princesse.

(Elle se retire derrière un arbre.)

SCÈNE II.

THERMIS, JOCABED, la Cour.

(Jocabed porte l'enfant caché sous son voile. Deux suivantes tiennent le berceau, qu'elles déposent en entrant.)

THERMIS *(en entrant).*

Oui, Jocabed, votre sort m'intéresse,
Et quand je vis cet enfant qui pleurait,
Quand j'aperçus sa douceur, son attrait,
Tout ébranlée en mon âme sensible,
Je ressentis une force invincible
Qui, dans mon cœur remuant la pitié,
M'éprit pour lui d'une vive amitié.
Rien n'est pareil dans ma race et la sienne,

Il est Hébreu, je suis Égyptienne,
Et cependant, j'entendais une voix
Qui me disait de l'exempter des lois,
De le chérir, de l'aimer, de le prendre.
Ce que c'était, je ne saurais le rendre.
Mais, le trouvant aux portes de la mort,
J'avais plaisir à soulager son sort.
Lors donc qu'on vint m'offrir une nourrice
Autant qu'à vous on me rendit service.

JOCABED.

Que votre cœur, princesse, est noble et grand !

THERMIS *(lentement)*.

Louez plutôt le Ciel qui vous le rend.
Car, je le vois, cet enfant, c'est le vôtre.
Je l'ai sauvé ; désormais c'est le nôtre.
En l'adoptant, j'en fais aussi le mien.
Gardez-le donc et nourrissez-le bien.
Pour tous vos soins, et par reconnaissance,
Je vous promets salaire et récompense.

JOCABED.

Noble princesse, à vous tout notre cœur.
Il vous est dû, c'est la part du vainqueur.
Mieux que les rois qui poursuivent la gloire,
Vous remportez une triple victoire,
En nous sauvant mon fils, ma fille et moi.
(Se tournant vers la suite de Thermis.)
Honneur, honneur à la fille du roi !

TOUTES.

Honneur, honneur !

UNE SUIVANTE.

> Des dieux suivant la trace,
Elle grandit, elle ennoblit sa race.

UNE AUTRE.

Que le soleil et ses mille clartés
De tous leurs feux éclairent ses bontés !

UNE AUTRE.

Que l'Astre...

THERMIS.

Assez.

SCÈNE III.

THERMIS, la Cour, JOCABED, MARIE.

MARIE *(sortant de sa cachette)*.

> Princesse, un mot encore :
Je veux aussi, par le Dieu que j'adore,
Mêler ma voix à la voix de la cour,
Et m'écrier : Gloire à Thermis, amour !

TOUTES.

Amour ! amour !

THERMIS.

> Merci, noble entourage.
A la bonté votre cœur m'encourage.

> *(D'un ton solennel.)*

Mais écoutez : je prévois l'avenir.

Dans votre esprit gravez ce souvenir :
Le frêle enfant que j'ai sauvé, que j'aime,
Quand, sur le Nil, je l'ai cueilli moi-même,
Vous l'avez vu noyé parmi les pleurs.
Mais désormais pour lui plus de douleurs.
Le jour est proche où, m'appelant sa mère,
Il aura droit au trône de mon père.
Ainsi l'enfant trouvé dans les roseaux
Sera le roi que j'ai sauvé des eaux.
Tels sont les faits, que d'un mot je précise
En lui donnant le beau nom de Moïse.
Nous n'avons plus qu'à rendre grâce aux dieux.

JOCABED (*à Marie*).

Nous, bénissons Celui qui règne aux cieux.
Mon fils est roi ! mon fils est un Prophète !
De la grandeur n'atteint-il pas le faîte ?
Non, Dieu pour lui n'est pas indifférent,
Puisqu'au berceau *Moïse* est déjà grand.

CHŒUR FINAL.

Les Juives à genoux. — Les Égyptiennes debout.

1re PARTIE. DUO. 2me PARTIE.

Dieu tout-puissant, Père de la nature,

D'un grand malheur Tu viens de { nous / les } sauver.

La mort touchait cette humble créature,

Mais ton amour vient de l'en préserver.

Les Juives seules { De notre part un tel bienfait réclame
Louange et grâce, aujourd'hui, tous les jours.

A Toi nos cœurs, notre corps et notre âme ;

A To nos chants et nos vœux pour toujours

FIN.

Musique des couplets.

Ie
En-tends le vœu, le cri de la na-
La mort tou - chait cet-te hum - ble cré- a-
2e
En- tends le vœu, le cri de la na-
La mort tou - chait cet-te hum - ble cré- a-
Ie
tu-re, Et mon - tre - moi que Tu
tu-re, Mais ton a- mour vient de
2e
tu-re, Et mon - tre - moi que Tu
tu-re, Mais ton a- mour vient de
Io
l'as a - gré - é.
l'en pré - ser - ver.
2e
l'as a - gré - é.
l'en pré - ser - ver.
A l'unisson.
Je don - ne - rais mon
De no - tre part un
sang, ma vie en - tiè - re Pour con - ser-
tel bien-fait ré - cla- me Lou - ange et

LILLE, IMP. DESCLÉE, DE BROUWER ET Cie.

www.ingramcontent.com/pod-product-compliance
Ingram Content Group UK Ltd.
Pitfield, Milton Keynes, MK11 3LW, UK
UKHW022234080726
13614UKWH00007B/2149